Jana Muschick

Darstellung der männlichen Figuren in Louise Astons "Aus dem Leben einer Frau"

Krisen der Männlichkeit in der emanzipatorischen Literatur von 1948

GRIN Verlag

Bibliografische Information der Deutschen Nationalbibliothek:

Die Deutsche Bibliothek verzeichnet diese Publikation in der Deutschen National-
bibliografie; detaillierte bibliografische Daten sind im Internet über http://dnb.d-
nb.de/ abrufbar.

Impressum:

Copyright © 2007 GRIN Verlag GmbH
Druck und Bindung: Books on Demand GmbH, Norderstedt Germany
ISBN: 978-3-640-39000-7

Dieses Buch bei GRIN:

http://www.grin.com/de/e-book/133784/darstellung-der-maennlichen-figuren-in-
louise-astons-aus-dem-leben-einer

GRIN - Your knowledge has value

Der GRIN Verlag publiziert seit 1998 wissenschaftliche Arbeiten von Studenten, Hochschullehrern und anderen Akademikern als eBook und gedrucktes Buch. Die Verlagswebsite www.grin.com ist die ideale Plattform zur Veröffentlichung von Hausarbeiten, Abschlussarbeiten, wissenschaftlichen Aufsätzen, Dissertationen und Fachbüchern.

Besuchen Sie uns im Internet:

http://www.grin.com/

http://www.facebook.com/grincom

http://www.twitter.com/grin_com

Autorinnen der 48er Revolution

Proseminar 16 640

Wintersemester 2006/ 07

Freie Universität Berlin

Institut für Deutsche und Niederländische Philologie

Konstruktion und Funktion von Männlichkeit in Louise Astons

Aus dem Leben einer Frau

Jana Muschick

10. Fachsemester

Inhaltsverzeichnis

Einleitung

Louise Aston, geb. Hoche[1], fiel schon zu Lebzeiten durch ihr „unangemessenes" Verhalten auf. Sie wurde, erst als Frau, später dann als Autorin emanzipatorischer und revolutionärer Schriften (Romane, Essays und Lyrik) von männlicher Seite scharf kritisiert und sogar sabotiert.[2] Die Urteile über ihre Person, haben dazu geführt, dass sie noch vor der Veröffentlichung einer ersten Zeile aus ihrer selbst gewählten Wahlheimat Berlin verwiesen wurde. Man(n) warf ihr folgendes vor, nämlich dass sie: „Ideen geäußert, und ins Leben rufen wolle, welche für die bürgerliche Ruhe und Ordnung gefährlich seien".[3]

Astons Publikationszeit erstreckte sich auf einen schmalen Zeitraum von zwei Jahren von 1849 bis 1850[4]. Die Aufmerksamkeit auf ihr Werk zur Publikationszeit war eher aus kritischen Quellen zu entnehmen, da ihr erster Roman *Aus dem Leben einer Frau*[5] stark biographisch gefärbt erschien und man in diesem Werk einen möglichen Anreiz zur Nachahmung sah. Deshalb stand man dem Roman sehr skeptisch gegenüber. Überhaupt wurde Astons „Einsatz für Frauen und Arbeiter sowie ihre Beteiligung an den 48er Barrikadenkämpfen als bloße Sensationslust oder überspannte Renommiersucht mißdeutet".[6] Die Aktionen der Autorin wurden also eher als Narzissmus verspottet, als das man ihren literarischen Bemerkungen größere Aufmerksamkeit entgegen gebracht hätte. Astons Werk wurde nicht in einen literarisch-klassischen Kanon aufgenommen, weswegen die Publikationslage analytischer Schriften über ihre Arbeiten eher rar ist.

Das Genre ihres Werkes ist der Tendenzliteratur des Vormärz zuzuordnen. Sie schrieb in der Gattung des trivialen Romans. Karlheinz Fingerhut bemerkt dazu: „Über Handlungsspannung und Illusionsbildung sollen einem Publikum, das Trivialliteratur zu lesen gewohnt ist, neue politische Sichtweisen nahegebracht werden."[7] Die Autorin benutzte den trivialen Stil, um

---

[1] Vgl. In: Allgemeine deutsche Biographie. Bd. 52. Leipzig 1906. S. 294. Und in: Blos, Anna: Frauen der deutschen Revolution 1848. Zehn Lebensbilder und ein Vorwort. Dresden 1928. S. 25.

[2] Fingerhut, Karlheinz (Hg.): Nachwort. In: Louise Aston: Ein Lesebuch. Gedichte, Romane, Schriften in Auswahl (1846-1849). Stuttgart Hans-Dieter Heinz Akademischer Verlag, 1983. S. 148f.

[3] Zitiert nach Möhrmann, Renate: Das groteske Finale. Louise Astons Ausweisung. In. Möhrmann, Renate (Hg.): Die andere Frau. Emanzipationsansätze deutscher Schriftstellerinnen im Vorfeld der Achtundvierziger-Revolution. Stuttgart Carl Ernst Poeschel Verlag GmbH, 1977. S. 145. Möhrmann zitierte nach Aston, Louise: Meine Emanzipation – Verweisung und Rechtfertigung. Brüssel 1846. S. 18.

[4] S. Allgemeine dtsch. Biographie 1906. S. 295.

[5] Aston, Louise: Aus dem Leben einer Frau. Fingerhut, Karlheinz (Hg.). Stuttgart Akademischer Verlag, 1982. Anm.: Im Folgenden wird aus dem behandelten Werk zitiert und die Seitenzahl des kursiv gesetzten Zitates folgt nach dem Zitar in Klammern ohne weitere Kürzel.

[6] Möhrmann 1977. S. 144.

[7] Fingerhut. Karlheinz: Das Porletariat im bürgerlichen Unterhaltungsroman: Über Louise Aston (1814-1871). In: Die Horen. Zeitschrift für Literatur, Kunst und Kritik, 30/1 1985. S. 40.

einen Leserkreis zu erreichen, der nicht in Ämtern oder Universitäten saß. Es ging ihr vielmehr um die Vermittlung ihrer Gedanken und den Anspruch, ein politisches Bewusstsein zu schaffen oder zu fördern. Besonders die Rezeption männlicher Kanonkonstrukteure muss als Ursache für die „triviale" Wirkung, die Louise Astons Texten zugesprochen wird, erkannt werden. Der innovative Versuch einer Darstellung der Emanzipation einer Frau und ihr Kampf gegen ein besitz- und triebgesteuertes Patriarchat wird oftmals marginalisiert oder gänzlich verkannt.

Für die Literaturwissenschaft ist es sehr irritierend, dass die Lebensart der Autorin in der schmalen Werkinterpretation oft eine dominantere Rolle einzunehmen scheint, als die Betrachtung ihrer Texte für sich. Diese Auffälligkeit kann in mangelhaften „analytischen" Texten von Ruth-Esther Geiger (1981)[8] oder Anna Blos (1928)[9] deutlich erkannt werden. Auch ältere lexikalische Beiträge zeugen von diesem „Interpretationsproblem".[10]

Die Masse an Interpretationen von Louise Astons Werk und ihres *Romans Aus dem Leben einer Frau* hat sich bis zum Jahr 2007 kaum gesteigert. Unter den Rezeptionen befindet sich die herausragende Arbeit von Renate Möhrmann: „Die andere Frau"[11].

In dieser Arbeit wird ein Aspekt betrachtet, den es in der Forschung zu Astonschen Texte noch nicht gab. Der Fokus der Analyse richtet sich auf die Konstruktionen der männlichen Figuren in *Aus dem Leben einer Frau*. Deshalb ist diese Analyse in folgende Abschnitte unterteilt: Als erstes soll der Vater und dessen Verhaltensmuster analysiert werden. Die Frage nach dem letzten Akt einer greisen Männlichkeit wird versucht, zu beantworten. Darauf folgt die Beleuchtung des Ehegatten Oburn, der ein Meister des Tausches ist – auch was seine Frau angeht. Wieweit er damit Erfolg hat und inwiefern er als autoritäre und hegemoniale Männlichkeit funktioniert, soll erklärt werden. Die letzten Männlichkeiten werden der Prinz C** und Eduard von Stein sein, die einander als Konzepte verschiedener Männlichkeiten gegenüber gestellt werden sollen. Das abschließende Fazit führt die analysierten Männlichkeiten noch einmal zusammen und soll zeigen, inwieweit diese schematisch skizzierten Männertypen wichtig für die Protagonisten Johanna waren, um sie aus ihrem Objektstatus in den individuelleren Subjektstatus einer freien Frau zu führen.

---

[8] Geiger, Ruth-Esther: Louise Aston 1818-1871. In: Schultz, Hans Jürgen: Frauen. Portraits aus zwei Jahrhunderten. Stuttgart 1981.
[9] Blos 1828.
[10] Bsp.: „Jedenfalls bleibt die ‚Luise Aston' als eine seltsame Erscheinung interessant". In: Allgemeine deutsche Biographie. Bd. 52. Leipzig 1906, S. 294-296.
[11] Möhrmann 1977.

1.) Der Vater – ein untergehender Patriarch

Der Roman *Aus dem Leben einer Frau* ist ein Figurenroman. Die dargestellten Protagonisten – vier Männer und eine Frau – werden schematisiert dargestellt. Mann kann die Protagonisten in verschiedene Verhaltensmustern unterteilen. Barbara Wimmer sagt dazu: „Erscheinungsbild und Charakter stimmen völlig überein"[12]. So erscheint der Vater als unbarmherziger Vollstrecker des Schicksals seiner Tochter und als Patriarch. Ihr späterer Ehemann ist von der Sucht nach Besitzt und Luxus gesteuert. Der später auftauchende Prinz ist ein narzistischer Egomane und der Retter von Johanna, Eduard von Stein, stellt die sensible Alternative zu unabänderlicher männlicher Verfügungsgewalt dar. Johanna selbst wird so zum Spielball der Männer, nimmt ihre eigene Position aber nicht immer willenlos hin.

Der Charakter der Figuren sowie ihre Art zu reden und zu handeln, bleibt bei Männern (Eduard als Ausnahme) im gesamten Handlungsverlauf bestehen – bei ihnen existieren keine Brüche oder Entwicklungen. Und bis auf Eduard von Stein reflektiert auch keine der Figuren ihre Handlung. Alle Männer arbeiten stringent auf ihr Ziel hin – sei es aus Gründen des sexuellen Triebes oder der materiellen Besitzsucht. Stringent gehen sie ihren Weg und nehmen dafür jede Art von moralischen Verstöße in Kauf.

Aus dem Leben einer Frau ist in drei Teile unterteilt. Im ersten Teil wird die Familie der Protagonistin von Seite 1 bis Seite 18 zum einzigen Handlungsraum. Die Handlung findet im Elternhaus der Hauptfigur statt – sie und ihr Vater stehen hier im Mittelpunkt. Im Dialog besitzt der Vater die größten Redeanteile. Johanna ist mit der Verheiratung an einen reichen Industriellen nicht einverstanden und will das Familienoberhaupt von der Richtigkeit ihrer Entscheidung überzeugen – ihr Vater akzeptiert aber eigenständige Entscheidungen der Tochter nicht und es kommt zum Konflikt. Durch die Art der Darstellung des Vaters und seiner Beziehung zu der Tochter wird seine Vormachtstellung deutlich. Die Protagonistin wird hier zum ersten Mal im Roman durch einen Mann in ihren „weiblichen" Aufgabenbereich – nämlich den der Ehe, eingeführt.

---

[12] Wimmer, Barbara: Die Vormärzschriftstellerin Louise Aston. Selbst- und Zeiterfahrungen. Frankfurt a. M. 1993, Europäische Hochschulschriften: Rühe 1, Deutsche Sprache und Literatur, 1424. S. 16.

1.1) Väterlichkeit definiert durch eine eigene Geschichte

Im ersten Kapitel sitzen Vater und Tochter in einer Art Tableau bei einander. Der Patriarch „thront" auf seinem Stuhl in der Mitte des Raumes und Johanna kniet zu seinen Füßen: *Vor diesem Greise [Anm.: dem Vater] knieete ein liebliches Mädchen von siebzehn Jahren.* (vgl. S. 3). Schon durch die Stellung der Figuren kann eine Veranschaulichung von patriarchalischer Macht erkannt werden. Der Vater sitzt „über" der Tochter; sie liegt ihm „zu Füßen". Dadurch wird die männliche Gewalt als Familienoberhaupt symbolisiert. Das Tableau befindet sich in einem spartanisch eingerichteten Raum, da es der Familie an finanziellen Mitteln fehlt: *Ein blankgebohnter Nußbaumtisch, drei geflochtene kleine Rohrsessel, ein Spielgel in Duodezform bildeten mit dem Sopha das ganze Meublement.* (S. 4) Doch die einfache Idylle ist nur Oberfläche und dient zum starken Kontrast des Konflikts. Johanna ist die benachteiligte Verteidigerin ihrer Rechte und ihr Vater ist der unnachgiebige Vollstrecker.

Die Pfarrhauswohnung erscheint wie eine abgeschlossene Sphäre. Die Darstellung des Vaters bedient eine Interpretation Männlichkeitskonzeptes von Erhart: „Während Weiblichkeit nach 1800 zumeist auf immanente Geschlechtseigenschaften zurückgeführt wird, erwirbt man sich Männlichkeit durch die angeeignete Form einer männlichen Geschichte"[13]. Tatsächlich versucht der Vater den Befehl einer Hochzeit an seine Tochter durch die Erzählung „seiner" Lebensgeschichte zu verstärken. Ausgiebig erzählt er, dass er eine Liebesheirat vollzogen hat und dadurch sich und seine Frau in großes Unglück stürzte: *‚Deine Mutter ist edel und liebenswürdig; - dennoch waren wir Beide elend; deine Mutter, weil sie alle gewohnten Annehmlichkeiten des Lebens entbehren mußte; ich, weil ich nicht im Stande war, sie ihr zu verschaffen'.* (S. 11) Die Figur des Vaters ist durch das Erzählen der Geschichte charakterisiert. Der Vater fühlt sich als Versager, weil er seiner Frau und sich selbst nicht den Reichtum erarbeiten konnte, den er sich für ein befriedigendes Leben erhofft hatte. Nun will er dieses Versagen durch die Verheiratung seiner Tochter ausgleichen. Durch das Weiterreichen seiner Lebenserfahrungen an Johanna, übergibt er ihr gleichzeitig das schwere Erbe, aus einem einfachen Leben ein „besseres" zu machen. Als Vater und Richter widerfährt ihm hier allerdings eine zweifache Nichterfüllung der an ihn gestellten Ansprüche. Er hält sein eigenes Leben für wertlos, weil er es in keine finanziell besser gestellte Position bringen konnte. Das ist der erste Punkt seiner Nichterfüllung, die er nun seinem Kind aufbürdet. Der zweite ist, dass er meint, seiner Tochter diese Schmach ersparen zu müssen und dass er nicht den Fehler erkennt, sie einem ungeliebten Mann zu überlassen, sondern auch einem Leben, dass ihr selbst nichts bedeutet: *‚Ich lasse mich nicht verhandeln gegen schnödes Gold'* (S. 12). Der männlichen Figur entfällt hier die Erinnerung, dass er als Mann stets wählen durfte, auch wenn er dies nur nach seinen Möglichkeiten tun konnte. Diese Freiheit ist es, die er seiner Tochter nicht zugesteht.

1.2)   Herrscher der Häuslichkeit

„Die im 18. Und 19. Jahrhundert durchgreifende Trennung einer öffentlichen und einer privaten Sphäre sowie die [...] Differenzierung in ,expressiv-weiblich' und ,instrumentell-männliche' Rollen setzen das Vorhandensein polarisierter Geschlechtscharaktere voraus."[14] Die Rollen der Figuren Vater und Tochter demonstrieren die polaren Geschlechtstypisierungen. Der Vater ist das Instrument, dass die junge Frau dazu zwingt, etwas ungewolltes zu tun. Johannas Wünsche spielen für ihn keine Rolle. Interessant ist, dass die „instrumentell-männliche" Rolle <u>nicht</u> den Bereich der Öffentlichkeit für sich beansprucht. Der Vater scheint zum Mobiliar zu gehören: *Auf einem altmodischen mit großblumigen Kattun überzogenen Sopha saß ein Greis mit finstern, unheimlichen Zügen.* (S. 2f.) Der alte Mann sitzt in der Mitte der Wohnung – er beansprucht den zentralen Punkt des Raumes für sich und kann hier in seiner beherrschenden patriarchalischen Rolle wirken. Da der Vater nicht mehr als Teil des öffentlichen Raumes funktioniert, wird ihm auch ein Teil seiner männlichen Funktion versagt. Seine Position als Mann der Öffentlichkeit ist passé. Seine Identität kann „nur" als Vater legitimiert werden. Diese Rolle übermittelt er auch seiner widerspenstigen Tochter: *‚Bist du nicht mein Geschöpf? Ist nicht mein Wille Dir Gesetz? Du mußt ihm gehorchen; denn ich bin Herr über Dich!'.* (S. 13) Der Vater akzeptiert den Widerspruch seines „Geschöpfes" nicht – er spricht hier nicht nur das Urteil über seine Tochter, er führt es auch aus. Die Ausübung ist das letzte Mittel des „Praktizierens" von Macht für den Vater. Erhart sagt dazu, und zitiert nach Juliet Mitchell: „Nicht ,Männer' sind die ,Inhaber der Macht' [...], sondern ,Väter': jene Instanz also, die [...] Söhne wie Töchter in die symbolische Ordnung einführt und sie dafür mit einer jeweils unterschiedlichen Geschlechtsidentität gleichsam imprägniert"[15]. Der Vater führt Johanna nach seiner Fasson in eine „symbolische Ordnung" ein. Diese Aufgabe auszuführen ist für ihn die letzte Möglichkeit als Mann zu funktionieren und über „Untergebene" Macht auszuüben. Als Johanna seine Entscheidung anzweifelt, benutzt er über den „wörtlichen" Befehl hinaus Gewalt: *An dem braunlockigen Haar riß er die Tochter wild hin und her, und*

---

[13] Walter Erhart: Familienmänner. Über den literarischen Ursprung moderner Männlichkeit. München Wilhelm Fink Verlag, 2001. S. 9.
[14] Erhart 2001. S. 43.

stieß sie dann mit den Füßen von sich, in maßlosem Zorn ausrufend: ‚Ungerathene! Ich fluche Dir!' (S. 14). Nach Connel bedeuten Widerstände und Ausnahmen für den Mann permanente Schwierigkeiten zu seiner Legitimität.[16] Johannas Vater reagiert so brutal, weil er seine funktionäre Legitimität in Gefahr sieht. Die hier dargestellte Aggression zeigt seine eigentliche Machtlosigkeit.

Das Benutzen von Gewalt ist hier Zeichen des letzten Ausweges. Der Befehlende verwendet sie für die Durchsetzung seiner Ziele. Der Vater benutzt Gewalt, um die Tochter wieder seiner Herrschaft zu unterwerfen. Die Konsequenzen der Handlung scheinen der Figur nicht bewusst zu sein, denn es wird keine Form von schuldbewusster Reflexion dargestellt. Nicht nur, dass er Gewalt gegenüber Schutzbefohlenen anwendet, er kann so auch als Vater für Johanna nicht mehr funktionieren. Er misshandelt das Selbstbewusstsein seiner Tochter und weist sie in ihre Position mit dem Status „nur eine Frau" zu sein. Der Fluch über seine Tochter, besiegelt die seelischen und körperlichen Misshandlungen. Johanna deutet das Mittel zur Beschwichtigung exakt nach seinem Willen.

Ihr Vater erleidet einen Schlaganfall (vgl. S. 16). Durch den Schock befindet sich die vorher in der Opposition stehende Tochter in einer unberechtigten Schuldposition und willigt in die Heirat ein.

1.3)   Untergang von Machtausübung und Männlichkeit

Der Vater konstruierte seine Männlichkeit durch das Erzählen der eigenen Geschichte und greift als letztes Mittel zur Gewalt. Sein Schlaganfall betont die Problematik von Macht und Legitimität, wenn es um den Gehorsam zwischen Mann und Frau geht. Die Legitimität der Macht wurde bestätigt – die Ausübung der männlichen Funktion des Vaters wider der Tochter – hat funktioniert. Diese Machtposition ist mit dem letzten Menschen, über den er bestimmen konnte erloschen. Die Funktion seiner Männlichkeit als Beschützer und Versorger der Familie ist durch die Lähmung nach dem Schlaganfall und die damit verbundene Abhängigkeit von seiner Frau zerstört. Der Patriarch ist untergegangen.

---

[15] Ebd. S. 44. Erhart zitiert hier nach Mitchell, Juliet: Psychoanalyse und Feminismus. 1974. S. 467.
[16] Vgl. Connel 2000. S. 94.

1.4) Oburn – ungeliebter Ehemann und Tauschhändler

Der erste Teil des Romans mit den Ereignissen im Pfarrhaus wird mit der Hochzeit von Johanna und Oburn abgeschlossen. Die Trauung ist wie eine Art Opferfest inszeniert, in dem Johanna das Opfer ist und Oburn der gefürchtete Vollstrecker, der das Urteil ausführt, welches der Vater über die Tochter verhängt hat. (vgl. S. 21ff.)

Die Hochzeit stellt den Bruch in Johannas weiblichen Dasein dar – war so 17 Jahre lang nur Tochter, so wird sie in Zukunft Ehefrau sein. Wieder eine Existenz ohne Selbstbestimmung, wieder ein Dasein definiert über das Oberhaupt der Familie. Durch die Zeremonie wird Johanna symbolisch von zu Oburn „weitergereicht".

2.) Männlichkeit markiert durch das Fremde

Sowohl der Vater als auch Oburn werden mit tierische Metaphern beschrieben. Über Johannas Vater heißt es: *Die kleinen grauen Augen, der stechende Blick kontrastierten unangenehm mit dem silberweißen Haar, und störten den Eindruck des ehrwürdigen Alters.* (S. 3.) Die Charakterisierung des Vaters erinnert an ein kleines, hinterlistiges Raubtier, eine Art Fuchs oder einen Marder. Dieses Darstellungsmittel unterstreicht die Handlungsart des Vaters. Er „greift" durch sein unerwartet gewalttätiges Verhalten Johannas Integrität und ihr Selbstvertrauen an. Die Stilisierung des Mannes zum unberechenbaren Raubtier ist die Darstellung einer bösartigen Männlichkeit, eines undefinierbar Fremden aus den Augen der Frau.[17]

Die Beschreibung von Oburn ist noch deutlicher auf raubtierartige Züge angelegt: *Herr Oburn [...] stürzte auf das Zimmer seiner Braut zu, wie ein Raubvogel auf seine Beute.* (S. 19) oder *Um den gemeinen breiten Mund zog sich ein Lächeln grober Sinnlichkeit, das an ein thierisches Grinsen erinnerte.* (S. 20f.) Die Protagonistin hat es hier nicht mit einem kleinen Raubtier zu tun, sondern mit einem ausgewachsenen „Raubvogel" oder einem Wolf. Man kann diese Darstellung mit den Kontrasten des Märchens „Rotkäppchen" der Brüder Grimm, vergleichen. Der „böse Wolf", Metapher für den männlichen Vergewaltiger oder Verbrecher, überfällt das jungfräuliche „reine" Mädchen, dass als Symbol für Keuschheit und Unschuld

---

[17] Anm.: Dieses Stilmittel findet sich besonders häufig in der Gothic Novel, dem Schauerroman wieder. Novellen von Selma Lagerlöf (z.B. *Herr Arnes Schatz; Der Fuhrmann des Todes*) zeigen eine noch stärkere und weitaus graziösere Verwendung dieses Mittels zur Vorausdeutung und Unterstreichung des bösartigen Fremden.

steht. Die Kontraste werden bei Aston so stark verwendet, dass man von einer eindeutigen Schwarz-Weiß-Zeichnung der „guten" Frau gegen den „bösen" Mann sprechen kann.

Die Unterstreichung der männlichen Züge mit raubtierhaften Motiven kontrastieren die engelsgleiche Beschreibungen von Johanna, die wie eine Heilige stilisiert wird: *Ein echter Madonnenkof mit unaussprechlich schönen Augen, einer kleinen, feingeschnittenen Nase, und einem Munde, den die Grazien um sein Lächeln hätten beneiden können [...].* (S. 21) Diese Motive aus dem Genre des Schauerromans sollen den Leser für das eintreffende schreckliche Ereignis der Erzählung sensibilisieren. Bei Aston haben die tierischen Eigenschaften zweierlei Funktion: Einerseits ist es die Vorausdeutung auf ein schreckliches Ereignisses in der Zukunft; andererseits als Momentaufnahmen eines für die Protagonistin grausigen Erlebnisses. Oburn und der Vater sind scharf skizziert: Das Raubtier in ihnen handelt impulsiv und spontan und damit um so unberechenbarer.

2.1)   Männlichkeit definiert durch Tauschgeschäfte

Der Vater von Johanna ist mit Oburn einen Tauschhandel eingegangen. Der Greis sagt zu seiner Tochter: *‚Es ist fest und unwiderruflich [...]. Ich habe mein Wort gegeben; ich halte mein Wort.'* (S. 5) Der Vater ist einen Pakt mit dem *Feuerkönig* (S. 21) eingegangen und hat somit seine Tochter geopfert. Damit eignete er sich ein Mittel männlicher Identifikation an. Durch den Tauschhandel – Tochter gegen den Respekt des anderen (fremden) Mannes und der Einhaltung des von ihm gegebenen Wortes für die Sicherstellung seiner Integrität – konnte der Vater als Mitglied der männlich-gemachten Gesellschaft handeln und Macht ausüben: „Die Plätze des Mannes *in* der einzelnen Familie sind [...] ebenso wichtig wie die Plätze der Männer *zwischen* den Familien: Die Beziehungen, die Männer miteinander – als Väter, Söhne und Brüder – eingehen, die Art und Weise, wie Väter die Familien an ihre Söhne übergeben und wie diese die ihnen auferlegte Familiengeschichte fortsetzen."[18]

Der Vater verbindet den privaten Raum mit einer luxuriöseren Öffentlichkeit, indem er seine Tochter durch die Hochzeit in eine höhere Gesellschaft einführen lässt. Erhart hat dazu folgenden sehr einleuchtenden Ansatz: „ ‚Die globale Tauschbeziehung, welche die Heirat bildet, stellt sich nicht zwischen einem Mann und einer Frau her, die beide etwas schulden und etwas erhalten, sondern zwischen zwei Gruppen von Männern, und die Frau spielt dabei die

---

[18] Erhart 2001. S. 57.

Rolle eines der Tauschobjekte und nicht die eines der Partner, zwischen denen der Tausch stattfindet.' "[19]

Es handelt sich hier zum einen um die männliche Funktion des Tauschhandels zwischen Oburn und dem Vater. Die Gefühle des getauschten Objektes sind nebensächlich, da ihnen keine Beachtung geschenkt wird. Die Rechte eines fühlenden Subjektstatus werden ihr endgültig abgesprochen. Der Vater verliert einen Teil seiner männlichen (Vater-)identität, denn er übergibt seine Verantwortung an den nächsten Mann. Sein familiärer Einfluss ist damit verschwunden.

Mit seiner neuen Frau gewinnt Oburn hingegen einen Teil männlicher Identität hinzu. Er kann sich nun durch die Ehe als Mann und „Besitzer" definieren. Darüber hinaus ist ihm die Chance gegeben, sich eine Unsterblichkeit zu erschaffen, denn der Zweck der Ehe ist auch die Produktion von Nachkommen zur Fortführung der genealogischen Linie. Allerdings existieren in diesem Roman keine Nachkommen des Paares, was für beide wiederum zu einem Funktionalitätsverlust führt: „[D]as Band der Gegenseitigkeit, das die Heirat knüpft, besteht nicht zwischen Männern und Frauen, sondern zwischen Männern mittels Frauen, die lediglich den Hauptanlaß dieser Beziehung bilden."[20] Männlichkeit wird nicht nur durch die Aktivitäten in der Öffentlichkeit geprägt, sondern durch die Beziehungen der Männer untereinander, die sich besonders durch ihre Geschäfte miteinander darstellen lässt. Geschäftsmänner tauschen Geld gegen Ware – Oburn will seine Frau als Objekt gegen sein Ansehen tauschen. Der Industrielle denkt stets an Vorteile und Besitzvermehrung. Die Beziehung zu seiner Frau Johanna ist offensichtlich asexuell: *Daß du mein Vertrauen nicht täuschest; das ich, in Betreff Deines Umgangs mit den Männern in Dich setze, weiß ich sehr gut; denn ich kenne ja Deine platonische Liebe, von der ich nichts verstehe und nichts verstehen will, weil sie dummes Zeug ist.'* (S. 62) Johanna, die nur Zierde seines Reichtums ist, hat also für den eitlen Geschäftsmann keinerlei weiteren „Nutzen". Also will er sich an dem bedienen, was er von ihr besitzt – nämlich an ihrer Schönheit und ihrem Körper. Wie das eben aufgeführte Zitat zeigt, respektiert Oburn die Empfindung seiner Frau nicht, *weil sie dummes Zeug ist* (vgl. ebd.). Johanna ist für ihn ein Luxus wie das übertrieben reiche Frühstück (vgl. S. 142f.) oder seine auffällige und dadurch lächerlich wirkende Kleidung: *Das Meisterwerk der Natur war durch eine modisch-elegante Kleidung verhüllt.* (S. 21) Als er erkennen muss, dass seine Firma in Konkurs zu gehen droht, muss er eine Lösung finden, um genau das zu verhindern. Er will seine Frau an einen finanziellen Unterstützer „vermieten", damit er das nötige Kapital zur Rettung seiner Firma erhält. Erstaunlich ist, dass Oburn mit seiner Frau auch seine Ehre auf eine Rechnung setzt: „Um der

---

[19] Ebd. S. 57. Zitiert nach Lévi-Strauss, Claude: Die elementaren Strukturen der Verwandtschaft.

‚politique incorporée'[21] des Männlichen zu genügen, müssen Männer sich als die Subjekte des Tausches etablieren – ein Zwang, von dem die modernen Erzählungen über Männlichkeit oft mehr handeln als von den Vergünstigungen eines Spiels, in dem die Männer um die Einsätze konkurrieren."[22]

Fakt ist, dass die Figur Oburn keinen Wert auf Tradition oder Konvention legt. Schon bei der Hochzeit sagt er: *‚Gott sei Dank [...]der langweilige [Hochzeits-] Tag neigt sich dem Ende, und näher kommt die Stunde, in der mein Weib ganz mein eigen wird.'* (S. 24) Aus seiner egalitären Haltung heraus ist das Mittel zur Notzucht an seiner Frau für ihn nur ein marginaler Schaden. Er versteht das Angebot des Prinzen C** nicht als Ehrenraub, da er keine Ehre in puncto moralischer Verhaltensnormen hat. Noch einmal zum Vergleich: „Notzucht wurde als Ehrenraub verstanden, als Verletzung der Ehre der gesamten Familiengemeinschaft, der die Frau angehörte."[23] In der Justiz des 19. Jahrhunderts wurde die Schändung als Verbrechen angesehen, auch wenn es stärker als der „Entzug[...] von Eigentum"[24] betrachtet wurde, als die psychische und physische Verletzung der misshandelten Frau. Für Oburn handelt es sich um einen Tausch zu seinen Gunsten. Seine Ehre und damit der Teil seines Egos, mit dem er sich als Mann identifiziert, sieht er nicht gefährdet. Die durch die Figur konstruierte Männlichkeit ist die eines Großindustriellen, der keine Menschlichkeit in sich trägt – weder in der Fabrik, noch in der Ehe: „Um so mehr wird die Ehe zu einer letzten Bastion der männlichen ‚fiktiven' Gewalt, und während die Familie – als ‚Natur' – zu den Bereichen der Mutter und der Weiblichkeit gezählt wird, gehört die Ehe zu jener juristischen Seite des Familienlebens, an die sich noch immer – und zuletzt – die ‚Gewalt' des Mannes knüpft."[25]

2.2) Oburn – eine Autorität?

„Männer tauschen die Plätze mit ihren Vätern – ungeachtet der Frage, ob sich daraus wieder neue Familien bilden, und Männlichkeit entsteht im Transfer der Familien, ohne Rücksicht darauf, an welchem Punkt des Transfers sich der einzelne befindet. Obwohl [...] die moderne Familie vorrangig als ein Ort der Weiblichkeit eingerichtet und interpretiert wird, bleibt sie

---

[20] Erhart 2001. S. 57.
[21] Bourdieu 1990, S. 20. Hier zitiert nach Erhart 2001. S. 58.
[22] Erhart 200. S. 58.
[23] Dane, Gesa: Zeter und Mordio! Vergewaltigung in Literatur und Recht. Göttingen Wallstein Verlag 2005. S. 7. Dane argumentiert nach: Kaufmann, Ekkehard: Artikel Frauenraub, in: Handwörterbuch zur deutschen Rechtsgeschichte, Bd. 1, Berlin 1971, Sp. 1212f.
[24] Dane 2005. S. 7
[25] Erhart 2001. S. 85.

der Gegenstand eines männlichen Tausches.“[26] Nach Erhart liegt die „wahre“ Autorität also bei den Vätern.

Durch die Hochzeit mit Johanna wird Oburn diese Autorität als Ehemann zu seiner Identität hinzugefügt. – durch den Ehevertrag ist er endgültig Patriarch. Hier stellt sich die Frage, ob er, Nach Erharts Konzept auch ohne den ständigen Kontakt zu seiner Frau und ohne mögliche Nachkommen die Position einer familiären Autorität aufrecht erhalten kann. Zwischen dem Ehepaar Oburn scheint die Kinderlosigkeit kein gewichtiges Problem zu sein. Tatsächlich wird sie gänzlich ausgespart. Oburn ist als Ehemann öfter ab- als anwesend. Man könnte seine Anwesenheit ebenfalls marginalisieren, da er während der Zeit seiner Präsenz mit seinen Geschäften zu tun hat. Seine familiare Autorität könnte durch eine Familie definiert werden – bei der Ehe von Johanna und Oburn kann aber weder von einer Familie im Sinne von Reproduktion oder Liebe gesprochen werden. Die Beziehung zu seiner Frau erscheint alibihaft.

Dafür existiert ein anderer Raum, in dem er seine Macht zur Geltung bringen kann: seine Fabrik. Hier ist er Herr und duldet keinen Widerspruch – dieses Verhalten, über allen zu stehen und Befehle zu erteilen, versucht er ebenfalls auf den Umgang mit seiner Frau anzuwenden. Er spricht mit ihr wie mit einem Kind, wenn es um seine Arbeiter und deren Ausbeutun geht: *‚[…] Und dann, mein Kind, Du kennst dies Volk nicht! Wenn sie sehn, daß ich jetzt bei meinem Willen bleibe; dass ich mich nicht schrecken lasse, so werden sie schon ruhig fortarbeiten.‘* (S. 123f.) Seine Angestellten behandelt er gleichfalls ohne Respekt wie Unmündige. Oburn ist kein Vater und entwickelt deshalb auch als skrupellos gezeichnete Figur keine väterlichen bzw. sensiblen Gefühle. Sein Charakter ist voller Arroganz und Überheblichkeit. Er ist der (Geschäfts-)Mann über den anderen und deshalb verhält er sich auch so. Es ist die (finanzielle) Unmündigkeit, über die sich Oburn als Patriarch erhebt. Seine Männlichkeit kann als hegemonial angesehen werden, da es (bis auf den Prinzen C**) niemanden gibt, der ihm seine „Befehlsgewalt“ abspenstig machen kann. Er „herrscht“ über Fabrik und Frau – und will durch diesen Anspruch auch beide zu seinen Gunsten ausnutzen – man kann ihn mit einem Sklavenhalter vergleichen. Seine autoritäre Stellung wird erst durch den Tauschhandel mit Prinz C** gebrochen – hier verliert er die Hegemonie und muss sich ebenfalls in eine finanzielle Unmündigkeit begeben. Um seine hegemoniale Stellung wieder zu erlangen, will er seine Frau zum Tausch anbieten. Dadurch, dass die Figur über den Status als Geschäfts- und Ehemann definiert ist, verliert sie durch die Aufgabe von Frau (=Ehe) und Fabrik (=Geld) alle Identifikationsmöglichkeiten und kann ebenfalls, wie schon Johannas Vater, als untergegangen angesehen werden.

---

[26] Ebd. S. 60.

3.)   Zwei Seiten des Begehrens – Zwei Kämpfe um männliche Integrität

3.1)   Der Intrigant

Prinz C** und Eduard von Stein erscheinen im zweiten Teil des Romans und spielen da eine entscheidende Rolle für Johanna. Ab Seite 53 beginnt die Vorstellung der Figur Prinz C** - deren Physiognomie ähnelt einem griechischen Schönheitsideal: *ein verführerischer Mann, mit einem schönen Kopf, geistreichen Augen, einer edeln griechischen Nase, einem überaus feinen Mund, der bei dem eigenthümlich-angenehmen Lächeln zwei Reihen auffallend kleiner, weißer Zähne blicken ließ [...].* (S. 54) Ähnlich dem greisen Vater von Johanna wird der Prinz vorerst als gutmütig und edel beschrieben. Doch die Anmerkung über seine Zähne deuten schon auf das Raubtierhafte in der Figur hin. Auf dem großen Ball in Karlsbad will der Adelige Johanna sofort „besitzen“ und umwirbt die irritierte Frau direkt: *‚Sie sind das göttlichste Weib, daß ich je gesehen!’* (S. 56) Der Prinz begehrt in seinem Verlangen, das eindeutig als körperliche Begierde enttarnt werden kann, den gleichen Fehler wie Johannas Ehemann. Er erkennt in der weiblichen Figur nicht das Subjekt Mensch sonder will sie als Objekt „Weib“ (vgl. S. 57) für sich einnehmen. Die für derartige Anzüglichkeiten sensibilisierte Frau bemerkt dazu treffend: *‚Sie lieben die flüchtigen, jungen Reize meines Körpers; und darin liegt die Schmach und Entwürdigung für mich’* (S. 57). Der Prinz scheint diese Anmerkung nicht war zu nehmen.

3.2.)   Der positive Held

Eduard von Stein – Retter und Beschützer von Johanna – taucht noch später als der zwielichtige Prinz im Handlungsgeschehen auf. Erst auf Seite 72 fragt er sich: *Was ihn so magisch hinzog zu der Frau: war es Liebe, war es Mitleid?* Zum ersten Mal in diesem Roman zeigt eine männliche Figur ein reflektiertes Denken über sich und sein weibliches Gegenüber. Anders, als es bei den anderen Männern der Fall ist, scheint bei ihm das Aussehen von Johanna eine weniger gewichtige Rolle zu spielen. Eduards Gesicht und Kleidung werden mit kaum einem Wort erwähnt – erstaunlich deshalb, weil die anderen Figuren in der Handlung wiederholt und ausführlich beschrieben werden. Diese puritanische Figurendarstellung könnte damit zusammen hängen, dass zwischen Johanna und Eduard kein nötiger äußerlicher Kontrast hergestellt werden muss, um die innerlichen Unterschiede deutlicher zu markieren, denn Johanna und Eduard sind sich einfach ähnlich. Sowohl

Eduard als auch Johanna empfinden Mitleid für die Menschen, die in Bedrängnis geraten sind – Eduard bemitleidet die schöne doch einsame Frau; Johanna wird später die Arbeiter bemitleiden, die von ihrem Mann ausgebeutet und „versklavt" werden. Das Besondere an Eduard von Stein ist seine Achtung vor der „wirklichen" Frau: *,Wenn ich einer Frau Schmerzen wünsche, wie sie George Sand in Indiana fühlen läßt, heilige Schmerzen über die Entwürdigung des Weibes und ihre modernste Knechtschaft – dann muss ich diese Frau sehr hoch stellen, und ihr große Kraft und eine alles bezwingende Liebe zutrauen.* (S. 74) Also, auch Eduard begehrt Johanna – dies gesteht er ihr nicht auf eine plumpe Art, um in den Besitz ihres Körpers zu kommen. Ihm geht es um die ganze Frau und dazu gehört auch ein intelligenter und schöner Geist. Eduard und Johanna fühlen sich von einander angezogen – ohne materielle oder triebhafte Hintergedanken.

3.3) Vergewaltigung als Machtkonflikt – Untergang alternativer Männlichkeit

Johanna wird durch die versuchte und psychisch auch gelungene Vergewaltigung nicht nur zum wehrlosen Objekt eines triebhaft-geschehenen Verbrechens. Sie ist außerdem der Mittelpunkt eines Machtkonfliktes von männlichem Trieb (=Natur – Prinz C**) versus männlicher Ehrbarkeit (=Geist – Eduard von Stein). Dieser Kampf beginnt schon vor der versuchten Vergewaltigung; allerdings ist der Notzuchtversuch der stärkste Auslöser für die darauf folgende Katastrophe.

Prinz C** stürzt sich mit den Worten *,Weib, Du mußt mir gehören'* (S. 91) auf Johanna und verschließt ihr mit seinen Händen den Mund (vgl. Ebd.), um sie am Schreien zu hindern. Eine gewisse Mitschuld der Frau wurde in der Geschichte der Vergewaltigung, zum Schrecken aller weiblichen Opfer, oft angenommen. Deshalb musste sich das Opfer des Verbrechens während der Tat mit den Worten „Zeter und Mordio" „verteidigen".[27] War kein Laut vernehmbar, so wurde von den Männern, falls es zu einem Prozess kam, oft ein Begehren der Frau behauptet, dass es so nie gegeben hatte. Doch bei Aston schafft es die Protagonistin: sie schreit (vgl. S. 91). Nachdem das schreckliche Szenario durch Eduard aufgelöst wird, spricht Prinz C** nur spöttisch: *,Es thut mir leid, lieber Baron, Ihnen hier zuvorgekommen zu sein.'* (S. 92) Ein größeres Ausmaß an egomanem Schuldunbewusstsein und menschenverachtender Arroganz findet sich im gesamten Text nicht – weder bei dem unerbittlichen Vater, noch bei dem Materialisten Oburn..

---

[27] Vgl.: Dane 2005. S. 12f.

Es kommt zum Duell zwischen Eduard und dem Prinzen. Die Einzelheiten der Schießerei werden ausgespart – den Inhalt der Leerstelle kann der Leser sich denken. Die Frage ist hier: Warum musste Eduard von Stein als Figur untergehen und nicht der wesentlich verruchte Prinz C**? Auf diese Frage können eine plausiblere und eine theoretischere Antwort gefunden werden. Durch das Abschneiden einer möglichen Liebeshandlung zwischen Eduard und Johanna erspart sich die Autorin die komplizierten und sehr ausufernden Passagen eines liebenden und, weil Johanna ja verheiratet ist, leidenden Paares. Die theoretischere Antwort darauf könnte lauten: Hier wird die Identifikation von Männlichkeit mit einem Tauschhändler nicht erfüllt. Es liegt nicht in Eduards Sinn, Johanna gegen irgendetwas einzutauschen – weder gegen Geld noch gegen die Freiheit, die er als Ehebrecher auf alle Fälle verloren hätte. Sein Wesen widerspricht der Typisierung der negativen Figuren im Werk – er ist weder ein Tauscher noch ein Händler. Eduard widerspricht damit nicht nur einem negativen Männlichkeitskonzept sonder stellt ihm auch eine positive bzw. alternative Möglichkeit gegenüber. Rein konzeptionell gesehen, passt der gute Baron nicht in das Schema von Männlichkeit. Da es sich bei dem hier behandelten Roman um einen Text über die Emanzipation einer Frau handelt, muss sich diese auch gegen ein veraltetes Männlichkeitskonzept emanzipieren können. Das kann sie nicht, wenn sie einem neuen Konzept Mann entgegenstrebt. Es ist die Aufgabe der Figur Johanna, sich aus ihrer ehelichen Versklavung zu lösen um selbst Individuum, ein sich selbst anerkennendes Subjekt und eine ganze Frau zu werden – eine „Liebesfalle" mit einem neuen Geliebten würde sie von dem Ziel einer Emanzipation in den Subjektstatus erneut abgebracht werden.

4.) Fazit: Johanna gegen erstarrte Konzepte von Männlichkeit

Die Figur Johanna wird durch ihre Gedankengänge und durch das Gespräch mit ihrem Vater als eigenständig denkendes Individuum dargestellt: *‚Nie, nie könnte ich diesem Manne [Anm.: Oburn] angehören! D'rum, laß mir mein Glück, meinen Frieden, Vater!'*. (S. 5) Johanna weiß, was sie will, doch ihre Wünsche werden ihr nicht zugestanden. Durch den Fluch ihres Vaters wird sie in eine Position der Schuldigkeit gerückt, weil die Widerspenstigkeit gegenüber dem Befehl des Vater auch dessen Wut heraufbeschworen hat und er so einen Schlaganfall erlitt – dass es nicht ihre Schuld ist, kann sie in dem Moment des Schocks nicht erfassen. Der Vater war für Johanna sowohl Ernährer als auch Wächter über ihre Unmündigkeit – durch den Schlaganfall verstarb er für sie, obwohl er in seinem gelähmten Körper noch weiter lebte. Als Invalide kann er kein Konzept von Männlichkeit aktiv bedienen und wird so zur identitätslosen Hülle.

Seit dem Versprechen des Vaters, Johanna Oburn zur Gattin zu geben, beginnt das Spiel der Tauscher. Johanna wird zum Spielball der Männlichkeiten. Diese im Roman oberflächlich und bruchlos gezeichneten Männer, wollen Johanna besitzen und messen ihren Wert an ihrer Schönheit – nicht an dem Reichtum ihres Geistes oder ihrer Person als Individuum an sich. Johanna ist Objekt bzw. eine Ware, die ihren Preis hat. Oburn „besitzt" Johanna nach ihrem Vater – vielmehr besitzt er die Mündigkeit seiner Frau und kann über ihr Wohl walten. Seine Männlichkeit kann als autoritär und hegemonial definiert werden – seine Frau ist das Schmuckstück seiner Sammlung aus Reichtum und Luxus. Durch den Konkurs der Firma verspricht er seine Johanna dem „Freier" Prinz C**, dessen Narzismus die Versagung einer Bitte durch eine andere Person nicht akzeptiert. Der Vater stand wegen seines geringen finanziellen Vermögens unter Oburn – dieser steht auf Grund seiner stagnierenden Firma unter Prinz C**. Drei Männer, drei Herrschaftsansprüche über ein „Objekt" Frau. Doch Johanna lässt sich nur bis zu einem bestimmten Punkt „benutzen". Bevor sie an einen weiteren Mann zur Befriedigung von dessen Gelüsten gereicht werden kann, verlässt sie das Tauschspiel der Männer. Mit dieser Entscheidung kündigt sie nicht nur ihrem Objektstatus sonder lässt den Kreis der Tauschgeschäfte zerbrechen. Man kann Johanna als Passantin von vier Säulen der Männlichkeit sehen. 1.) dem Patriarchen Vater; 2.) dem Materialisten Mann; 3.) der alternativen Männlichkeit Eduard von Stein und 4.) der Bestie eines Vergewaltigers. Es bedurfte dieser vier Formen von bruchlosen Männlichkeitsfiguren um Johanna als Spielball Frau an diesen starren Konstrukten abprallen zu lassen. Johanna wollte sich nicht über eine Männlichkeit der Doppelmoral (ausgeschlossen ist natürlich Eduard) definieren lassen. Dadurch, dass sie mit Eduard keine Affäre eingegangen ist, tappte sie auch nicht in die „Liebesfalle" und konnte ihre Ehe schuldlos beenden, um ein neues, freies Leben zu beginnen. Die Funktion der drei Widersacher war es, Johanna das Gefühl zu geben, Objekt in einem verlorenen Spiel zu sein. Johanna konnte es in letzter Sekunde erkennen und reagierte mit der einzig richtigen Möglichkeit – sie verließ diese Welt aus Machtkampf und Tauschgeschäft und emanzipierte sich dadurch von ihrem Status der unmündigen Frau „an der Seite des Mannes" – *Aus dem Leben einer [emanzipierten] Frau.*

Literaturverzeichnis:

Primärliteratur:

Aston, Louise: Aus dem Leben einer Frau. Fingerhut, Karlheinz (Hg.): Stuttgart Hans-Dieter Heinz Akademischer Verlag, 1982.

Sekundärliteratur:

Allgemeine deutsche Biographie. Bd. 52. Leipzig 1906. S. 294 – 296.

Blos, Anna: Frauen der deutschen Revolution 1848. Zehn Lebensbilder und ein Vorwort. Dresden 1928.

Connel, Robert W: Der gemachte Mann – Konstruktion und Krise von Männlichkeit. Müller, Ursula (Hg.). Leske und Budrich Verlag. Opladen 2000.

Dane, Gesa: Zeter und Mordio! Vergewaltigung in Literatur und Recht. Göttingen Wallstein Verlag 2005.

Erhart, Walter: Familienmänner. Über den literarischen Ursprung moderner Männlichkeit. München Wilhelm Fink Verlag, 2001.

Fingerhut, Karlheinz (Hg.): Nachwort. In: Louise Aston: Ein Lesebuch. Gedichte, Romane, Schriften in Auswahl (1846-1849). Stuttgart Hans-Dieter Heinz Akademischer Verlag, 1983.

Fingerhut. Karlheinz: Das Porletariat im bürgerlichen Unterhaltungsroman: Über Louise Aston (1814-1871). In: Die Horen. Zeitschrift für Literatur, Kunst und Kritik, 30/1 1985.

Geiger, Ruth-Esther: Louise Aston 1818-1871. In: Schultz, Hans Jürgen: Frauen. Portraits aus zwei Jahrhunderten. Stuttgart 1981.

Hanisch, Ernst: Männlichkeiten. Eine andere Geschichte des 20. Jahrhunderts. Wien; Köln; Weimar Böhlauer Verlag 2005.

Kuhlmann, Anne: Die Amazone im Salon. In: Literatur und Politik in der Heine-Zeit. Die 48er Revolution in Texten zwischen Vormärz und Nachmärz. Kircher, Hartmut; Klariska, Maria (Hg.). Köln; Weimar 1998.

Loster Schneider, Gudrun: „Solange selbst im Sturm der Revolution so viele Rücksichten auf hergebrachte Vorurteile genommen werden, wird das Joch der Tyrannei nicht gebrochen werden." Zur Interpedenz von Gender und Genre bei Autorinnen der 48er Revolution. In: Loster Schneider, Gudrun (Hg.): Revolution 1848/49. Ereignis, Rekonstruktion, Diskurs. St. Inbert 1999.

Möhrmann, Renate: Das groteske Finale. Louise Astons Ausweisung. In. Möhrmann, Renate (Hg.): Die andere Frau. Emanzipationsansätze deutscher Schriftstellerinnen im Vorfeld der Achtundvierziger-Revolution. Stuttgart Carl Ernst Poeschel Verlag GmbH, 1977.

Schmale, Wolfgang: Geschichte der Männlichkeiten in Europa 1450-2000. Wien, Köln, Weimar Böhlauer Verlag 2003.

Von Hammerstein, Katharina: Selbst – Geschichte(n) – Schreiben. Dokumente persönlicher Lebenführung und politischen Engagements einer Vormärzlerin. Louise Aston. In: Heuser, Magdalena (Hg.): Autobiographie von Frauen. Beiträge zu ihrer Geschichte. Tübingen 1996.

Wimmer, Barbara: Die Vormärzschriftstellerin Louise Aston. Selbst- und Zeiterfahrungen. Frankfurt a. M. 1993, Europäische Hochschulschriften: Rühe 1, Deutsche Sprache und Literatur, 1424.